AF335935

MÉMOIRE

SUR LES DEUX

PRÉTENDUES DÉLIVRANCES DE CONDOM,

EN 1369 ET 1374,

PAR

M. LÉON LACABANE.

1851

(Extrait de la Bibliothèque de l'École des Chartes, 3ᵉ série, t. II, p. 97.)

Paris. — Typographie de Firmin Didot Frères, rue Jacob, 56.

MÉMOIRE

SUR LES DEUX

PRÉTENDUES DÉLIVRANCES DE CONDOM,

EN 1369 ET 1374.

J'étais occupé de recherches historiques sur la rupture du
traité de Brétigny, lorsque trois habitants de Condom, obéis-
sant à un sentiment de patriotisme plus honorable qu'éclairé,
provoquèrent le rétablissement d'une cérémonie religieuse qui,
avant 1789, se célébrait, chaque année, dans cette ville, et à laquelle, disait-on, se rattachait le souvenir d'un fait d'héroïque
dévouement des Condomois envers la France. Cette cérémonie
consistait dans une procession qu'on faisait le jour de la Saint-
Pierre (29 juin), et à laquelle tout chef de famille avait le droit
de se montrer en armes, et les consuls et jurats de la ville, celui
de figurer à cheval et de précéder toutes les autres personnes,
même les nobles. Le projet de faire revivre une telle solennité
fut presque aussitôt réalisé que formé. Rien de plus innocent, à
coup sûr, que cette patriotique pensée, ayant pour objet la ré-
novation d'un pieux usage, tombé en désuétude ; rien qui jus-
que-là dût exciter la moindre réclamation. Une procession de
plus à Condom, quelle que fût l'origine que l'amour-propre local
jugeât à propos de lui assigner, ne valait pas la peine que les
principales villes de la Guienne en prissent ombrage ou s'en
sentissent blessées dans leurs prétentions. Si les habitants de
Condom se fussent donc contentés d'applaudir en famille, modes-
tement et sans bruit, au renouvellement d'une cérémonie reli-

1

gieuse depuis si longtemps abandonnée, personne assurément n'eût été tenté de leur demander les pièces justificatives du fait dont ils prétendaient qu'elle était le symbole. Mais un triomphe aussi restreint ne leur suffisant pas, ils ont voulu le faire partager par la France entière, en ouvrant à ce sujet un concours de prose et de poésie [1] ; comment n'ont-ils pas vu qu'en appelant ainsi la publicité sur ce point controversé de leurs annales, ils le plaçaient sur le terrain de la discussion, et le livraient à l'épreuve de la critique?

A peine les Condomois eurent-ils manifesté l'intention de ce double concours, que M. le comte de Salvandy, alors ministre de l'instruction publique, s'empressa de fournir les fonds nécessaires pour faire face aux deux prix. En encourageant par sa généreuse intervention une solennité dont l'origine et le but devaient ressortir des lumières du concours, M. de Salvandy se montra, comme dans tous les actes de sa carrière administrative, animé des idées les plus libérales et les plus françaises. Malheureusement, les juges de ce concours ayant été pris parmi les habitants et les autorités de Condom, on peut craindre que les préoccupations locales n'aient contribué à leur faire admettre comme vrai un fait dont tout vient démontrer la fausseté.

Les conditions du concours posées par la commission étaient les suivantes [2] :

« Un prix de cinq cents francs est institué pour l'auteur du « meilleur *Mémoire historique sur la délivrance de Condom sous* « *Charles V*; et un prix de trois cents francs pour l'auteur de « la meilleure pièce de vers sur le même sujet, etc., etc. »

La commission, on le voit, n'a pas voulu se compromettre par une désignation trop précise du fait qu'il s'agissait d'examiner.

En posant la question d'une manière aussi vague, elle a laissé, de l'avis même de l'écrivain qui a remporté le prix [3], la latitude de rattacher ce fait, soit à l'année 1369, soit à l'année 1374; mais, par une telle réserve, elle a contribué, sans le vouloir, à pousser les concurrents dans une fausse voie, en permet-

1. *Quoique ce memoire n'ait rapport qu'à la Gascogne, il n'en intéresse pas moins la France entière, parce que tout se tient dans l'histoire,* etc. (Mémoire historique sur les deux délivrances de Condom, 1369-1374, 1847, p. 33.)

2. Mémoire historique sur les deux délivrances de Condom, 1369-1374, par M. Gillot de Kerhardène. 1 vol. in-8°; Auch et Condom.

3. Mém. histor., p. 20.

tant que leur attention se portât sur un point où ils ne pouvaient faire que des efforts infructueux.

Il n'existe, en effet, aucune preuve que la soumission de Condom en 1369, par suite de l'adhésion de cette ville à l'appel contre le prince de Galles, ait eu quelque chose de particulièrement remarquable ou d'héroïque, et digne conséquemment de faire le sujet d'un concours.

Quant à l'année 1374, elle aurait été témoin, s'il fallait s'en rapporter à l'historien Scipion Dupleix, de l'expulsion d'une garnison anglaise qui occupait Condom, opérée de vive force par les habitants de cette ville, le 28 ou 29 juin, veille ou jour de la Saint-Pierre. Voici comment Dupleix s'exprime à ce sujet dans son *Histoire de France* :

« L'année ensuivant que l'on comptoit MCCCLXXIV, le duc d'Anjou accompagné du connestable de France et des plus grands seigneurs de Bretagne, d'Anjou, de Touraine, de Poictou et de Gascogne, avec quinze mille hommes de piéd (le nombre de la cavallerie n'est pas exprimé), alla visiter la Haute-Gascogne pour affirmer au service du Roy les villes et les vassaux qui lui avoient juré fidélité, et attirer les autres qui n'attendoient que l'occasion de lui rendre pareil devoir et obéissance. Entre autres, furent des premières les villes de Condom, de Langon, de Sainct-Basile, de Sainct-Machaire, suivies de plusieurs autres, tant delà que deçà la rivière de Garonne. Celle de Condom n'attendit pas son arrivée : ainsi chassa les Anglois à vive force tant de la ville que du chasteau (les vieilles masures duquel ont esté démolies naguères), et les Anglois qui reschappèrent du massacre s'enfuirent en la ville de Mezin à deux lieues de là, où aiant esté receus, les Mezinois (comme mauvais François) ont esté appelés Anglois, et ce sobriquet leur demeure encore. Charles VII, en mémoire de ce bon service des Condomois, leur donna ce privilége de faire annuellement une monstre en armes à pareil jour (qui est le XXIX de juin, feste de saint Pierre et de saint Paul); ce qu'ils continuent encore aujourd'huy, quoiqu'ils ayent grandement relasché de l'ancienne magnificence[1]. »

En dehors de l'assertion de Dupleix, dont on vient de lire le récit, et de la tradition locale, qui, comme nous le démontrerons bientôt, n'a d'autre fondement que le dire de l'historien condomois, non-seulement rien ne constate cette prétendue ex-

-----

1. (Histoire de France, tom. II, p. 570.)

pulsion des Anglais de la ville de Condom en 1374, mais des témoignages contemporains établissent, au contraire, que cette expulsion n'est pas plus vraie que celle qu'on voudrait faire remonter à l'année 1369. C'est ce que nous allons tâcher de prouver par un examen attentif et détaillé des questions suivantes :

1° La ville de Condom est-elle une des premières de la Guienne qui, lors de la rupture du traité de Brétigny en 1369, aient abandonné le parti de l'Angleterre pour rentrer sous la domination du roi de France?

2° Condom a-t-il précédé ou suivi Mézin dans ce mouvement patriotique?

3° Est-il vrai que les Condomois aient expulsé de vive force la garnison anglaise, et cette expulsion a-t-elle pu avoir lieu le 28 ou le 29 juin 1369?

4° Les Condomois ont-ils chassé derechef de leur ville les Anglais qui l'occupaient, le 29 juin 1374, ainsi que l'avance Scipion Dupleix dans son *Histoire de France,* et cette ville se soumit-elle alors volontairement à la France, ou fut-elle contrainte à cette soumission par la force des armes du duc d'Anjou?

5° Enfin, que faut-il penser de la montre ou prise d'armes qui se faisait, au seizième siècle, à Condom, le 28 juin, et qui, plus tard, a été remise au lendemain 29 juin, jour de la Saint-Pierre, fête patronale de la cité?

Ces cinq questions embrassent dans toute son étendue le sujet du double concours ouvert, en 1847, à Condom, et à la suite duquel le mémoire de M. Gillot de Kerhardène fut jugé digne du prix. Nous allons les discuter successivement à l'aide de documents et témoignages contemporains.

Il est à regretter que M. de Kerhardène n'ait pas persisté, comme il semblait l'annoncer d'abord [1], à traiter la question du concours sous le point de vue purement littéraire. En restant fidèle à cette première inspiration, il n'aurait pas eu à rechercher les preuves du fait qu'il avait à célébrer; le considérant

---

1. « Si on veut bien se pénétrer de l'esprit du programme, on voit qu'il ne s'agit pas « d'ajouter des preuves nouvelles aux preuves suffisantes qui sont acquises à l'his- « toire, mais de faire un travail littéraire sur la question mise au concours. A quoi « bon se préoccuper de l'accumulation des preuves? Dès qu'on en a rassemblé un « nombre suffisant, et qu'elles produisent la conviction dans l'esprit du lecteur, on a « atteint le but. » (Mém. histor., p. 27.)

comme suffisamment établi par le témoignage de Dupleix, appuyé de la tradition locale, la tâche de l'écrivain se fût bornée à en faire l'exposition et à signaler ce qu'il avait d'éclatant et d'héroïque. C'eût été donc plutôt un morceau d'éloquence sur la prétendue expulsion des Anglais de la ville de Condom en 1369 et 1374, qu'un examen approfondi et critique de ces mêmes faits. Malheureusement M. de Kerhardène ayant oublié presque aussitôt que pris le parti de ne se livrer qu'à une composition littéraire, a voulu donner à son travail la forme et le caractère d'une véritable dissertation [1] ; mais comme la dissertation ou discussion critique d'un fait, pour être complète et solide, a besoin de preuves en quelque sorte matérielles et littérales, et que M. de Kerhardène n'en produit pas une seule de ce genre, on se demande, après avoir lu son travail, si le contraire de ce qu'il a voulu prouver ne résulte pas évidemment de son argumentation. En effet, M. de Kerhardène, désespérant, malgré le témoignage de Dupleix, de pouvoir donner à l'expulsion de la garnison anglaise de Condom, en 1374, une apparence de certitude et d'héroïsme, a cru atteindre plus facilement ce but en admettant une expulsion antérieure, qu'il fixe à l'année 1369, et en attribuant à cette dernière le caractère d'héroïsme que ne présentait pas celle de 1374.

Quoiqu'un peu tardivement, Condom, à l'exemple des autres villes de la Guienne, appela contre le prince de Galles au roi de France, dont elle reconnut la souveraineté. Cette soumission, qui eut lieu du 1er au 13 mai 1369, fut suivie de la concession de nombreux priviléges faite à ses habitants par le duc d'Anjou, lieutenant du roi en Languedoc. Ce que ce prince fit pour Condom, dès le 13 mai, il l'avait déjà précédemment fait pour la plupart des villes de la Guienne, dont Condom suivit l'exemple, bien loin de l'avoir donné. Mais il n'existe aucune preuve que la soumission de Condom ait été précédée de l'expulsion, par les habitants, de la garnison anglaise. C'est donc bien à tort que

---

1. « Nous aurions pu nous contenter d'établir dans ce mémoire la certitude des deux
« mouvements de Condom, les comparer entre eux, et prouver la supériorité de l'in-
« surrection populaire sur le mouvement bourgeois ; ce travail eût sans doute suffi
« aux conditions du programme, et la question prise à la lettre eût été résolue. Mais
« suffit-il, quand on entreprend de traiter un problème historique, de le résoudre à
« moitié ? Pourquoi y laisser encore des nuages, quand on peut les dissiper par une
« étude plus profonde ? etc. » (Mém. histor., p. 28.)

M. de Kerhardène a voulu voir, en 1369, à Condom, un soulèvement armé au lieu d'une soumission pure et simple.

Il en serait autrement du fait relatif à l'année 1374, s'il fallait s'en rapporter au témoignage de Dupleix. Mais nous prouverons bientôt que cet écrivain a été aussi peu vrai dans ce passage de son histoire que dans tant d'autres, depuis longtemps signalés, et qu'il n'est pas de notre sujet d'aborder dans ce mémoire.

Dans l'embarras, on peut dire insurmontable, dans lequel se trouvait placé M. de Kerhardène par rapport à l'expulsion de 1374, il a cru, avons-nous déjà dit, en sortir plus facilement en admettant deux expulsions analogues, l'une en 1369, l'autre en 1374, et en les plaçant toutes deux au même jour, c'est-à-dire au 28 ou 29 juin. Comment ne s'est-il pas aperçu que cette concordance de jour, et pour ainsi dire d'heure, comme il le dit lui-même [1], entre deux événements qu'on fait s'accomplir dans la même ville et dans des circonstances semblables, à cinq années de distance, serait à elle seule une preuve évidente du peu de foi qu'il faut leur accorder? D'ailleurs, ainsi que je l'ai déjà fait remarquer, M. de Kerhardène a pris sur lui de voir un mouvement armé de la part des Condomois dans une reconnaissance de souveraineté, opérée sans effusion de sang, ainsi que l'attestent les monuments contemporains que nous ferons bientôt connaître.

M. de Kerhardène est plus heureux quand il parle de la résistance de Condom, assiégée par une armée anglaise en 1340. Ici, nous en convenons volontiers, il y eut dévouement à la France, courage et héroïsme de la part des Condomois; et si jamais une solennité soit religieuse, soit civile, a dû être établie à Condom en commémoration d'un événement glorieux pour ses habitants, c'est à coup sûr à l'occasion du siége que cette ville soutint si vaillamment contre les Anglais au mois d'août de l'année 1340. Notre sujet n'étant pas de parler de ce siége, nous aurions pu le passer sous silence; mais comme ce fait important de l'histoire de Condom a été raconté jusqu'ici d'une manière très-incomplète, et que M. de Kerhardène et M. l'abbé Monlesun, dans son *Histoire de Gascogne*, sont tombés, à ce sujet, dans des erreurs qu'il est bon de rectifier, nous nous proposons de consacrer quelques lignes à cette rectification.

---

1. « Ainsi, on ne peut s'étonner que les deux délivrances de Condom, sous Char- « les V, aient eu lieu, à cinq ans de distance, le même jour et presque à la même « heure. » (Mém. histor., p. 113.)

Nous passons maintenant à l'examen des cinq questions énoncées plus haut.

La ville de Condom est-elle une des premières de la Guienne qui, lors de la rupture du traité de Brétigny, en 1369, ait abandonné le parti de l'Angleterre pour rentrer sous la domination du roi de France ?

Les documents originaux et contemporains qui peuvent servir à la solution de cette question sont si nombreux, que nous ne serons embarrassés que du choix ; si positifs et si concordants, qu'ils ne laisseront accès à aucune interprétation arbitraire ou douteuse.

On sait que le soulèvement de la Guienne, en 1368 et 1369, contre le prince de Galles, eut pour cause première un fouage ou impôt auquel les seigneurs et les populations refusèrent de se soumettre. Le fouage avait été réglé par l'assemblée des nobles et des villes, convoqués à Angoulême au mois de janvier 1369 ; mais la décision des états relative à ce fouage ne fut pas ratifiée par le pays. Le comte d'Armagnac, le sire d'Albret et plusieurs autres seigneurs de Guienne, prenant l'initiative de la résistance au nouveau subside, se rendirent auprès du roi Charles V, traitèrent avec lui, comme étant leur seigneur supérieur, et en appelèrent à sa cour contre les exactions du prince de Galles. Ce n'est pas ici le lieu d'examiner si cet appel fut juste et légal ; un seul point doit nous préoccuper : c'est le fait d'appel en lui-même, dégagé de toute appréciation, soit morale, soit juridique. Par l'acte d'accord, qui est du 30 juin 1368, le roi, en considération de ce que les seigneurs mécontents reconnaissaient sa souveraineté, s'engageait à citer le prince de Galles devant lui, et dans le cas où il ne comparaîtrait pas et leur ferait la guerre, à les soutenir par la force des armes.

A peine ce traité fut-il conclu, qu'une vive fermentation se manifesta dans la principauté de Guienne. La plupart des villes refusèrent de payer le fouage, et dans la lutte qui s'engagea à ce sujet, plusieurs d'entre elles chassèrent les officiers mêmes du prince. La ville qui paraît avoir donné l'exemple de cette vive opposition est celle de Rodez. Les historiens du Rouergue nous apprennent qu'elle avait déjà expulsé l'administration anglaise dès le 17 septembre 1368, et cette assertion est pleinement confirmée par des lettres de Raymond de Rabastens, sénéchal de Toulouse et capitaine général en Rouergue et Quercy, du

1er mars 1368 (1369); lettres qui furent confirmées par le duc d'Anjou dans le même mois de mars, et par le roi Charles V en février 1369 (1370) [1]. D'autres lettres du roi, données à Paris en mars 1369 (1370), ne sont pas moins formelles sur ce point [2], et ne permettent pas de douter qu'à Rodez ne soit due la gloire d'avoir donné l'exemple de la résistance.

A partir des lettres de citation du roi de France, qui furent signifiées à Bordeaux au prince de Galles sur la fin de l'année 1368 ou dans les premiers jours de l'année 1369 [3], le mouvement insurrectionnel contre les Anglais se propagea avec une telle rapidité, que, dès le 18 mars suivant, plus de huit cents villes ou châteaux de la principauté s'étaient déjà joints aux appelants et avaient secoué le joug étranger. Un rôle dressé en ce temps-là [4], et qui est venu jusqu'à nous, contient la liste de ces villes et châteaux, et on y cherche vainement les noms de Condom et de Mézin, preuve évidente que ces deux villes ne s'étaient pas encore, à cette date, soustraites à la domination anglaise; mais on y trouve ceux de Rodez, Peyrusse, Najac, Saint-Antonin,

1. Ces lettres, portant une concession de priviléges à la ville de Rodez, débutent ainsi : « Petrus Raymundus de Rapistagno, miles, etc., notum facimus, etc., nos ad supplicationem consulum, civitatis et burgi Ruthene, qui causa justicie et affectionis ac boni amoris quem habent, et retroactis temporibus habuerunt ad dominum nostrum regem et coronam Francie, tanquam et veri et fideles zelatores juris et augmenti regni, primordium appellationum interpositarum ad dictum dominum nostrum regem, contra ducem Aquitanie, recognoscendique superioritatem prefato domino nostro regi ducatus Aquitanie, sicut sanctum et justissimum est, introduxerint, et ipsum dominum nostrum regem, dominum superiorem dicti ducatus et terre tradite regi Angliæ, etc., esse recognoverint, etc. » (Ordonn. des rois de France, tom. V, p. 255.)

2. Ce sont des lettres de sauvegarde royale pour le consulat et les consuls de Rodez. « Karolus, etc., sane attendentes laudabilia servicia, que dilecti et fideles nostri consules civitatis et burgi Ruthene, qui propter devotionem et dilectionem quam semper erga nos, et honorem et utilitatem regni nostri, fideliter habuerunt et habent, ad simplicem requestam et mandatum dilecti et fidelis consanguinei nostri, comitis Armaniaci, fuerunt de primis qui Eduardo primogenito Eduardi Angliæ, et eorum confederatis et complicibus obedientiam denegarunt, et nos, tanquam veri et fideles, in suum naturalem et superiorem dominum recognoverunt, et eandem civitatem et villam in nostra obedientia reddi et poni fideliter procurarunt, etc. »

3. Voyez les lettres de citation dans l'article *Charles V* du Dictionnaire de la Conversation.

4. Cet important document a trop d'étendue pour que nous ayons pu le faire entrer dans les pièces justificatives de ce mémoire; mais nous nous proposons de le publier dans une des prochaines livraisons de ce recueil.

Saint-Geniez, Villeneuve en Rouergue; de Cahors [1], Figeac, Capde
nac, Réalville en Quercy; de Lectoure, Nérac, Valence, Auvillar,
Lavit, Casteljaloux, Auch, Albret, Tartas, Eause, Larroumieu, etc.,
en Gascogne.

Nous renvoyons à un travail plus étendu sur cet épisode si
dramatique de notre histoire, à exposer l'ordre dans léquel s'y
succédèrent lès événements. Prouvons maintenant que, loin
d'avoir donné l'impulsion, Condom l'emprunta aux autres villes,
et même assez tardivement. Ce sera là notre réponse aux
deuxième et troisième questions qui ont été énoncées plus haut.

Condom et Mézin, qui, d'après le rôle déjà cité, n'avaient pas
encore adhéré à l'appel le 18 mars 1369, ne tardèrent cependant pas à suivre le torrent. Mézin est la première des deux
qui ait fait acte d'adhésion. Elle s'était déjà soumise le 12 avril,
et nous avons la preuve que Giraut de Jaulin en fut nommé
capitaine par le duc d'Anjou, frère du roi et son lieutenant en
Languedoc, à la tête de vingt hommes d'armes, garnison considérable, et qui fait voir l'importance qu'avait alors cette ville [2].
Ce prince, appréciant le mérite de cette soumission, se plut à
reconnaître l'empressement avec lequel les habitants et bourgeois de Mézin s'étaient prononcés contre les Anglais [3], et voulant pourvoir à la défense d'une place dont il reconnaissait
toute l'importance, il donna soixante-dix francs d'or pour être
employés à payer l'artillerie nécessaire à cet effet [4]. La délivrance
de cette somme fut faite à Toulouse le 18 novembre 1370, à
Arnaud de Barés, conseiller de la ville de Mézin, et sans doute
l'un des bourgeois à l'influence desquels était due l'adhésion de
Mézin aux appellations. Peut-on détruire d'une manière plus
complète et plus positive l'assertion de M. de Kerhardène, que
Mézin fut, en 1369, *accusée d'infidélité et peut-être avec raison?*

Quant à la soumission de Condom, elle est postérieure d'un
mois environ à celle de Mézin. Nous savons qu'elle avait eu lieu
dès le 13 mai 1369, date des lettres par lesquelles le duc
d'Anjou en confirme les priviléges. Cette pièce, qui suffirait

1. Cahors avait déjà secoué le joug anglais le 15 janvier 1369, quoique son acte
d'appel ne soit que du 3 février, et M. de Kerhardène convient lui-même que Lectoure
s'était soumise avant Condom.

2. Voy. la pièce justificative, n° V.

3. Voy. les pièces justificatives, n° 8.

4. Voy. les pièces justificatives, n°s IX et X.

à elle seule pour prouver combien est peu fondée l'expulsion d'un garnison anglaise de Condom le 29 juin 1369, n'est pas l'unique monument contemporain que nous ayons à invoquer à ce sujet. Nous possédons plusieurs autres lettres du duc d'Anjou qui ne sont pas moins explicites; les unes du mois de mai, comme les précédentes, viennent confirmer que Condom s'était déjà déclaré contre les Anglais à cette époque [1]; les autres, datées du mois de novembre de la même année, complètent cette démonstration. Le duc d'Anjou y dit, en propres termes, qu'il n'y a pas encore six mois que les Condomois sont venus à l'obéissance du roi; *cum adhuc non sunt sex menses elapsi* [2]. Or, ces lettres étant du mois de novembre, et sans doute du 1er au 13, le duc d'Anjou aurait dû dire : *cum adhuc non sunt quinque menses elapsi*, s'il était vrai que la ville de Condom fût encore anglaise le 28 ou 29 juin précédent. Le savant Dom Vaissète n'a pas été exact dans la citation qu'il a faite de cette pièce [3], et son témoignage, adopté sans vérification par M. de Kerhardène, l'a entraîné dans une erreur évidente. Placez au contraire la soumission de Condom vers le 13 mai, comme le prouvent d'ailleurs les monuments, et le duc d'Anjou aura pu et même dû dire dans des lettres du commencement de novembre suivant, en faisant allusion à l'époque où Condom avait adhéré aux appellations: *Cum non sunt adhuc sex menses elapsi*. Il est d'ailleurs si positif que Condom avait déjà ouvert ses portes aux Français au mois de mai, que le 2 juin le duc d'Anjou, par des lettres datées de Toulouse, ordonne à Étienne de Montméjan, trésorier des guerres, de payer à *Manaut, seigneur de Barbazan, la somme de cinq cents francs pour les despens et travaux qu'il a fais, eus et souttenus pour raison et à cause de la comté de Gaure et de la ville de Condom, afin qu'ils fussent adhérens aux appelans*, etc. [4]. Cet intéressant monument nous apprend que ce fut à l'activité du seigneur de Barbazan, à qui des services éclatants et une fidélité à toute épreuve méritèrent, quelque temps après, le titre de *maréchal de l'ost* du duc d'Anjou, que fut due la soumission d'une partie de la Guienne, et, en particulier, de la ville de Condom.

---

1. Archiv. nation., section Q, n° 254.
2. Recueil des ordonn. des rois de France, t. VIII, p. 176.
3. Histoire génér. du Languedoc, t IV, p. 342.
4. Voyez la pièce justif. n° VI.

Enfin, pour ne laisser aucune incertitude sur le point que nous discutons, et prouver que Condom avait reconnu l'autorité de Charles V avant le 28 ou 29 juin, il nous suffirait d'un fait qui se passait dans cette ville même cinq ou six jours avant la prétendue expulsion de la garnison anglaise. Dès le 20 mars 1369 [1], le duc d'Anjou avait retenu aux gages du roi Raymond-Arnaud de Casaus, écuyer, seigneur de Beyressan et en partie de Peyregan, au diocèse de Condom, pour servir avec trois hommes d'armes dans les présentes guerres, à la garde et défense de ses lieux et de sa terre. Or ce seigneur, dont les gages ne devaient courir qu'à partir du jour de sa montre, fit cette dernière le 23 de juin, en la ville même de Condom [2]. Peut-on, je le demande, faire voir d'une manière plus évidente que Condom avait ouvert ses portes aux Français avant le 23 juin 1369, et conséquemment que la délivrance armée fixée au 28 ou 29 juin n'a pas le moindre fondement?

La ville de Condom s'étant jointe aux appelants et soumise à la France, elle a dû, d'après M. de Kerhardène, commencer par expulser la garnison anglaise; car autrement elle eût fait exception parmi les autres villes de la Guienne. Pour que cet argument eût quelque valeur, il eût fallu commencer par établir que la ville de Condom était occupée, au moment de sa soumission, par un corps de troupes anglaises assez fort pour la tenir en respect, et que toutes les autres villes de la Guienne avaient de semblables garnisons. Or, rien de moins vrai que cela. A l'exception de quelques places frontières, comme Montauban, et de quelques villes principales, comme Bordeaux, Bayonne, Angoulême, on ne voit pas de corps de troupes un peu considérables dans les villes de la principauté; c'eût été d'ailleurs une grande imprudence de la part du prince de Galles que de disséminer ainsi son armée, dans un moment surtout où la guerre étant près d'éclater, ces corps détachés auraient pu être facilement écrasés par les mécontents réunis au duc d'Anjou. C'est, en effet, ce qui arriva à Réalville, vers le mois d'avril, et à Montauban vers le mois de juin, lorsque cette ville fit sa soumission. A quoi se réduirait d'ailleurs le mérite de Condom, si la prétendue expulsion dont elle se vante n'était qu'une imitation de celle qu'avaient déjà pratiquée plus de

1. Voy. la pièce justif. n° IV.
2. Voy. la pièce justif. n° VII.

buit cents villes ou châteaux de la principauté de Guienne?

Nous n'aborderons pas ici les arguments que M. de Kerbardène prétend tirer du préambule des lettres de Charles V données à Paris au mois de janvier 1369 (1370) [1], confirmatives de celles du duc d'Anjou du 13 mai précédent. Rien de plus simple que ce préambule, rien qui repousse plus positivement la preuve d'héroïsme dont M. de Kerbardène paraît tant se préoccuper.

Le duc d'Anjou se borne à louer Condom d'avoir adhéré à l'appel interjeté par le comte d'Armagnac, et Charles V, dans sa confirmation, parle de la constante fidélité des Condomois envers lui : « Nos vero attendentes vere fidelitatis constantiam, quam ipsi consules et habitantes erga nos habuerunt, litteras supra scriptas, etc., laudamus, approbamus [2]. »

M. de Kerbardène a fait une traduction passablement bizarre de ce préambule : « Pour nous, fait-il dire à Charles V, ayant égard à l'*héroïque manifestation de vraie fidélité qu'ont faite pour nous les consuls eux-mêmes et les habitants de Condom, nous louons,* etc., etc. » N'est-ce pas abuser de la latitude laissée à un traducteur, et M. de Kerbardène ne craint-il pas d'entendre dire par ses lecteurs qu'ayant besoin à tout prix d'une *manifestation* d'héroïsme, et n'en trouvant pas la plus légère trace, il l'a cherchée dans le sens forcé des expressions latines? Je comprendrais que les villes qui prirent l'initiative du mouvement, telles que Rodez, Cahors, Figeac, Capdenac, Villeneuve, Peyrusse, Auch, Lectoure, Valence, etc., pussent être fières des motifs énoncés en tête des lettres royales qui confirmèrent alors leurs priviléges; mais que Condom, dont la fidélité a attendu pour éclater que plus de huit cents villes ou châteaux de la Guienne se fussent prononcés contre les Anglais, veuille revendiquer le prix du dévouement et de la fidélité, c'est là, il faut bien le dire, une prétention insoutenable, et que l'impartialité historique ne saurait admettre.

Je crois avoir prouvé surabondamment : 1° que la ville de Condom, loin d'avoir donné l'exemple du soulèvement contre les Anglais, ne s'est prononcée contre eux que très-tardivement, et seulement vers le 13 mai 1369; 2° qu'elle a été devancée dans cette manifestation de fidélité par la ville de Mézin, qui s'était déclarée avant le 12 avril précédent; 3° enfin que l'expulsion de la garnison anglaise qu'on fixe au 28 ou 29 juin 1369, est un

---

1. Recueil des ordonn., t. VIII, p. 166.
2. Ordonn., tom. VIII, p. 172.

fait dont les monuments originaux contemporains démontrent la fausseté.

Voyons maintenant si l'expulsion qu'on dit avoir eu lieu le 29 juin 1374, est plus vraie que celle qu'on a voulu rattacher à l'année 1369.

Ici, nous en convenons, il y a quelque chose, sinon de fondé, au moins de soutenable. Le témoignage d'un historien, quoique condomois et souvent peu exact, est un argument que, faute d'autre, on peut alléguer jusqu'à preuve de son peu de solidité. Aussi nous ne sommes nullement surpris de voir M. de Kerhardène soutenir l'expulsion des Anglais de Condom en 1374. Mais, par une préoccupation difficile à concevoir, le savant lauréat, faisant bon marché de cette dernière expulsion, la seule pourtant qui ait pour garantic le témoignage de Dupleix, ne voit quelque chose de glorieux et d'héroïque que dans celle de 1369, dout personne ne parle, et qui, disons-le hardiment, n'a jamais eu lieu.

L'historien du Languedoc, dom Vaissète, a dit que Condom avait adhéré à l'appel contre le prince de Galles, et que le duc d'Anjou avait, pour ce motif, confirmé ses priviléges. M. de Kerhardène voit dans des faits aussi simples toute une série de circonstances non moins honorables qu'imprévues, et une adhésion ou reconnaissance de souveraineté se transforme aussitôt, sous sa plume, en une révolte armée, en un combat glorieux contre la garnison anglaise.

Il est vrai que l'auteur du mémoire invoque la tradition locale, à laquelle il emprunte, à défaut d'autres preuves, les détails les plus circonstanciés; mais il suffit d'une seule observation pour réduire cet argument à sa véritable valeur.

Si la tradition locale relative à cette expulsion de 1369 était antérieure à l'époque où Dupleix écrivait, pourquoi cet écrivain ne l'aurait-il pas consignée dans son histoire, surtout lorsque le fait qu'elle constate est, de l'aveu même de M. de Kerhardène, bien plus glorieux pour Condom que celui de 1374? Ne serait-ce pas faire injure à l'intelligence de Dupleix, que de supposer qu'il n'a pas su juger du plus ou moins de portée, d'éclat ou d'héroïsme qu'il faut comparativement attribuer à ces deux événements? N'hésitons donc pas à dire que si Dupleix a passé sous silence la soumission de Condom à la France en 1369, c'est, ou qu'il n'a vu dans cet acte de ses compatriotes rien qui fût extraordinaire et digne d'être rapporté; ou bien qu'il n'existait de son temps, à Condom, aucune tradition à ce sujet. Ajoutons que cette tradition, si tradition il y a, n'a eu sans doute cours que depuis que dom Vaissète a fait mention, dans son Histoire de Languedoc, de l'adhésion de Condom à l'appel contre le prince de Galles, en mai 1369.

Nous n'insisterons pas davantage sur ce point, que nous croyons être désormais hors de discussion, et nous arrivons au fait controversable, c'est-à-dire à celui de l'expulsion qu'on prétend avoir eu lieu le 29 juin 1374. Les seuls arguments qui se présentent ici à l'appui de cette expulsion, sont : le témoignage de Dupleix, qui écrivait dans le premier tiers du dix-septième siècle; la tradition populaire, et enfin la montre ou prise d'armes qu'on dit avoir été instituée en mémoire de cette expulsion.

Après avoir établi le peu de foi que mérite le récit de Dupleix, il nous sera facile de prouver que la tradition, n'en étant qu'une conséquence, ne saurait avoir une plus grande autorité que ce récit lui-même. Quant à la montre ou prise d'armes, nous établirons clairement qu'elle n'avait rien de commun, avant la narration controuvée de Dupleix, avec la prétendue expulsion de 1374.

Ce sera là notre réponse aux deux dernières des cinq questions que nous avons entrepris de résoudre.

Nous sommes obligés d'entrer ici dans des considérations que nous aurions voulu d'autant plus éviter, qu'elles touchent à des amours-propres de localité, d'ordinaire si chatouilleux, et généralement plus susceptibles que les amours-propres individuels. Mais le récit si explicite de Dupleix ne nous a pas permis d'user de cette réserve. Le fait relatif à Condom y est si avantageusement énoncé, et l'accusation contre Mézin si peu modérément formulée, que l'examen de ces deux assertions en devient inévitable et presque de devoir rigoureux.

D'après Dupleix, le duc d'Anjou ayant, en 1374, entrepris une expédition en Gascogne, la ville de Condom (redevenue anglaise depuis 1369) n'aurait pas attendu son arrivée pour chasser de ses murs les Anglais, et pour se remettre sous l'obéissance du roi de France.

Cette éclatante manifestation de fidélité aurait eu lieu le 29 juin, jour de la Saint-Pierre, fête patronale de Condom. Les Anglais expulsés s'étant dirigés sur Mézin, les habitants de cette ville les auraient recueillis; circonstance qui leur aurait valu le surnom d'*Anglais,* qu'ils portaient encore du temps de Dupleix.

Une première observation, c'est que Dupleix, qui écrivait ces choses plus de deux cent quarante ans après leur accomplissement, n'a pas même eu le soin d'indiquer les sources, soit manuscrites, soit imprimées, qui les lui auraient fournies. M. de Kerhardène paraît croire que c'est dans les archives de Condom que Dupleix aura trouvé ces intéressants détails ; voilà certes une explication tout comme une autre, mais dont nous n'avons pas à nous occuper ici, notre habitude, en fait de dissertation, n'étant pas de nous contenter de conjectures aussi vagues.

Mais si l'expulsion des Anglais de Condom en 1374 n'a d'autre garantie que le dire d'un auteur qui écrivait à une époque déjà si éloignée de l'événement, voyons s'il n'y aurait pas de graves autorités contemporaines qui, portant la lumière sur ce point controversé, ne laisseraient au récit de Dupleix d'autre mérite que celui d'une fable plus ou moins habilement imaginée.

Ces autorités sont Froissart et Cabaret, dit d'Orronville, historien de Louis II, duc de Bourbon : le premier écrivant de 1356 à 1400, et le second en 1429.

Voici ce que disent ces deux chroniqueurs de la prise de Condom par le duc d'Anjou, en 1374 ; nous commencerons par Froissart [1].

« Tantost après la revenue de Monsach à Tholose et que le duc d'Anjou
« et les barons qui avec luy estoient, s'y furent un petit reposés, ledit
« duc remit sus une autre chevauchée ..... si se partit de Tholose le
« vII[e] jour de septembre l'an de grâce mil III[c] et LXXIIII............
« Tout le pays trembloit devant. Cils de la Réole qui ne désiroient
« autre chose qu'ils fussent François, s'ouvrirent tantost et se mirent à
« l'obéissance du roi de France. Aussi firent cils de Langon, de Saint-
« Macaire, de Condom, de Sainte-Bazille, etc. »

Tel est le récit de Froissart ; passons maintenant à celui de d'Orronville.

Après avoir parlé de la prise d'Aiguillon, du Port-Sainte-Marie et de la Réole, l'historien ajoute, p. 70 :

« Et pour non faire long compte, prist celle année le duc d'Anjou, le
« duc de Bourbon estant avec lui, Penne d'Agenois et Penne d'Albi-

1. Ed. du Panthéon littéraire, tom. I, p. 690, col. 2.

« geois, et Saint-Machaire, Langon, la cité de Condom, Florence jeune,
« tous en Gascongne, etc. [1]. »

Il ne s'agit plus ici d'une allégation vague et dénuée de preuves comme celle de Dupleix ; nous avons désormais le témoignage de deux auteurs graves, dont l'un, Froissart, écrivait dans le temps même où s'accomplissait le fait qu'il nous a transmis, et l'autre quelques années plus tard. Condom ne fit donc sa soumission que lorsque le duc d'Anjou parut devant ses murailles ; l'argument de M. de Kerhardène, que cette ville n'attendit pas l'arrivée de l'armée française pour chasser la garnison étrangère, et qu'en agissant autrement, elle se fût exposée au pillage, n'est réellement pas sérieux ; car il faudrait en dire autant de toutes les villes et châteaux dont les Français s'emparèrent pendant cette campagne ; or, nous n'avons aucune preuve que les vainqueurs se soient portés à cette déplorable extrémité. Il est à présumer qu'étant hors d'état de résister aux forces françaises, ces villes et châteaux ouvrirent leurs portes, sans opposer une résistance inutile.

Tel est le rôle que joua la ville de Condom à cette époque ; et si l'on pouvait nourrir le moindre doute à cet égard, il disparaîtrait, je crois, devant l'observation suivante. Le duc d'Anjou, par lettres datées de Toulouse, le 6 du mois de février 1375 (1376), donna aux habitants de Condom le sénéchal et le viguier de Toulouse pour conservateurs de leurs franchises et libertés, auxquelles le sénéchal, le trésorier et les autres officiers royaux de la sénéchaussée d'Agenois ne cessaient de porter atteinte. Ce prince motiva la concession de ses lettres par des considérations générales, comme on en mettait en ce temps-là dans toutes les lettres de concession de priviléges : « *Nos igitur considerantes, fidelitatem quam ipsi consules, singulares et universitas, retrolapsis temporibus, ad dictum dominum meum et nos habuerunt et adhuc habent, ac etiam dampna per ipsos passa et sustenta pro honore dicti domini mei conservando, volentes eosdem consules, singulares et universitatem dicte civitatis, affectu benivolo prosequi et in eorum privilegiis, libertatibus et franchisiis manuteneri et conservari, dilectos nostros senescallum et vicarium Tolose, ac ipsorum quemlibet in solidum, conservatores premissorum facimus ac per presentes ordinamus, etc., etc.* »

1. Histoire de la vie de Loys, duc de Bourbon, chap. XXII (page 69), ann. 1374.

Si les habitants de Condom eussent chassé une garnison anglaise hors de leur ville en juin 1374, peut-on croire que le duc d'Anjou n'eût pas cité ce trait de courage et de dévouement, comme un des motifs déterminants des lettres qui précèdent, et qui furent accordées dix-neuf mois après cette prétendue expulsion? Ce que nous disons ici est si fondé, que lorsque nous aurons à parler du siége si vaillamment soutenu par Condom contre les Anglais en 1340, c'est-à-dire trente-quatre ans avant la prétendue expulsion de 1374, nous trouverons dans les lettres du roi, en faveur de cette ville, la preuve formelle de cette vigoureuse résistance, qui fait le plus grand honneur aux habitants de Condom, et que d'autres monuments contemporains servent également à établir. S'il n'en est pas de même pour les prétendues expulsions de 1369 et 1374, c'est, disons-le, parce qu'elles ne sont pas vraies; car, dans le cas contraire, elles se prouveraient par des témoignages contemporains, tout aussi bien que l'héroïque défense de 1340[1].

Si M. de Kerhardëne avait eu sous les yeux, en composant son mémoire, les textes et monuments contemporains, il n'eût certainement pas écrit le passage suivant :

« La guerre une fois allumée, la lutte entre la France et « l'Angleterre devient de plus en plus nationale; mais les villes « restées anglaises emploient la ruse pour redevenir françaises. « Ainsi Poitiers et la Rochelle se délivrent du joug anglais « (1372); Condom les imite dans les mêmes circonstances (1374), « et il ne pouvait en être autrement, ou bien Condom eût été « ici une exception. Or, il n'y a eu dans le Condomois qu'une « seule exception, en 1369, et non pas en 1374; c'est celle de « Larroumieu, la seule ville des environs de Condom qui, avec « Mézin, demeura anglaise. A cette époque, où les nobles flot- « taient entre le roi d'Angleterre et le roi de France, selon les « circonstances, Jean d'Aux, seigneur condomois, servait le roi

---

1. Philippus Dei gratia Francorum rex, notum facimus universis tam presentibus quam futuris, quod nos congruum reputantes quod dilecti et fideles nostri consules, universitas, cives, habitatores et vicini civitatis Condomii, senescallie Agenensis, qui die nocteque contra inimicos nostros et rebelles, pro conservatione sue fidelitatis, qua nobis sunt astricti, in armorum continuo exercitio laudabili, et continua diligentia novissime certaverunt, et ab ipsorum inimicorum incursibus sub nostre regie magestatis obediencia, sua virtuosa constancia, laboriose dictam civitatem defensarunt, non tantum preconiis et laudabilibus testimoniis attollantur, sed etiam prosequantur graciarum et premiorum beneficiis, etc. — Ces lettres sont données au Moncel près le Pont de Saint-Maxence, en octobre 1840.

« d'Angleterre. Le prince de Galles, comptant sur la foi de ce
« seigneur, l'avait chargé de maintenir cette petite ville sous la
« domination anglaise, et il y parvint par sa vigilance. Non-seu-
« lement Larroumieu, mais tout le pays d'alentour n'osa se
« tourner français. »

Relativement aux faits mentionnés dans cet article, nous avons
déjà démontré que Condom n'avait employé ni la ruse ni la force
pour redevenir française en 1369 et 1374, et que Mézin, loin
d'être demeurée anglaise, s'était au contraire soumise à la France
avant le 12 avril 1369. M. de Kerhardène n'est pas plus heureux
en parlant de Larroumieu. Cette petite ville avait adhéré à
l'appel contre le prince de Galles avant le 18 mars 1369. Si
Jean d'Aux servait alors le roi d'Angleterre, ce n'était donc pas
dans Larroumieu, à moins de supposer que cette ville était retom-
bée sous le joug anglais immédiatement après s'en être affran-
chie. Quant à la famille d'Aux, elle a un souvenir plus glorieux
à invoquer : c'est celui de Bernard-Raymond d'Aux, qui commandait en qualité de capitaine dans la petite ville de Bouglon
de 1338 à 1341, contre ces mêmes Anglais au service desquels
on place Jean d'Aux en 1369 [1].

Concluons de tout ce qui précède que l'expulsion des Anglais
de Condom, en 1374, n'est pas plus fondée que celle qu'on a
voulu faire remonter à l'année 1369.

Que doit-on penser de la *montre* ou *prise d'armes* dont nous
avons parlé ci-dessus, et que Dupleix prétend avoir été établie
à l'occasion de cette expulsion? D'après le même historien, Charles VII aurait confirmé ce privilége aux Condomois en mémoire
de leur héroïque dévouement.

Une première observation à faire ici, c'est que Dupleix n'est
pas plus exact, à l'occasion de la *montre d'armes*, qu'il ne l'est
au sujet du fait dont il prétend qu'elle était le symbole. Non-
seulement il ne donne pas la date des lettres de Charles VII,
mais il ne dit pas même où il les a vues. Si elles eussent été
dans les archives communales de Condom, il serait bien extraordinaire que, lorsque les lettres des rois et du duc d'Anjou, données en faveur de cette ville, s'y sont conservées, celles-là seules
eussent été égarées? En supposant d'ailleurs que, par une fatalité
difficile à concevoir, les lettres de Charles VII eussent disparu

---

1. Compte de Barthélemi du Drach (Bibl. nat., section des Manuscrits).

de ces archives, ne devrait-on pas les retrouver dans les registres du Trésor des chartes, cet immense et précieux cartulaire de nos rois, qui fait à lui seul la partie la plus importante des *Archives nationales?* Or, nous avons vainement compulsé ceux de ces registres qui concernent le règne de Charles VII; nous pouvons affirmer qu'ils ne renferment pas les lettres qui portent confirmation du privilége de la *montre d'armes.* Mais n'en soyons pas surpris; nos recherches, sur ce point, devaient être infructueuses, car il est hors de doute que Dupleix n'a pas été plus vrai relativement à cette confirmation de privilége, que sur la prétendue expulsion d'où il le fait émaner. Rien de plus aisé à démontrer. A défaut des lettres de Charles VII, qui ne se retrouvent plus, M. de Kerhardène invoque la tradition locale; voyons à notre tour si cette tradition est telle qu'il le prétend, et si, au fond, elle n'est pas plus contraire que favorable à la signification qu'on veut lui donner. Il faut distinguer ici deux traditions : la tradition avant et la tradition après Dupleix.

Commençons par la première : avant que Dupleix eût publié son Histoire de France, il était d'usage à Condom, 1° de faire le *guet en armes la veille au soir de la foire qui se tenait le* 28 *juin;* 2° de faire ce même jour, 28, veille de la Saint-Pierre, fête patronale de la cité, une procession dans laquelle « tous chefs de « famille étaient tenus de se trouver en armes et à pied, les « jurats seuls avec les consuls ayant le droit, par privilége spé- « cial, de s'y trouver à cheval [1]. »

Nous n'avons pas à nous préoccuper ici de l'époque où eut lieu le changement de cette procession du 28 juin au lendemain, jour de la fête patronale.

Le fait relatif au *guet en armes* est prouvé par une *jurade* du dimanche 8 juin 1564, assemblée à Condom dans l'église de Saint-Pierre, à l'issue du sermon [2]. Quant à la procession, nous en trouvons et l'origine et les circonstances dans un arrêt du parlement de Bordeaux, en date du 7 janvier 1597, duquel est extrait le texte que nous venons de rapporter.

Voici le passage relatif au guet :

« Les consuls et les jurats remontrent, etc., et parce qu'il est cous- « tume de faire le guet en armes la veille au soir de la foire. . . . . . . ,

1. Arrêt cité par M. de Kerhardène. (Mém. hist., p. 118.)
2. Mém. hist., p. 116.

2.

« a été arrêté par toute l'assistance : que la foire prochaine sera dé-
« criée ; néanmoins pour l'entretenement du privilége et coustumes de
« la ville, qui est de faire la vespre de ladite foire le guet chaque
« année, l'on ira devers monseigneur de Montluc lui demander la per-
« mission de porter les armes audit guet [1]. »

Nous sommes à nous demander à quelle fin M. de Kerhardène
a cité cette jurade de 1564. Que peut-elle, en effet, signifier, par
rapport au privilége dont il s'agit? Le droit de faire le *guet en
armes* le 27 juin, veille de la foire, est évidemment une mesure
de police, et rien de plus. Quant à la montre ou prise d'armes
et à la procession qui se faisaient à Condom, le lendemain 28 juin,
veille de la Saint-Pierre, le parlement de Bordeaux nous apprend,
dans son arrêt de 1597, que *ces priviléges ont été attribués aux
jurats dès la première fondation de leur ville, et si bien entretenus
en eux ou leurs prédécesseurs qu'il n'est mémoire du contraire* [2].
Or, ne reconnaît-on pas dans ces mots une cérémonie religieuse
instituée en l'honneur de la solennité de la fête patronale, et
comme il en existait, au moyen âge, en France dans toutes les
villes un peu importantes?

Il est donc bien constaté que la seule tradition qui eût cours à
Condom en 1597, relativement à la montre ou prise d'armes,
la représentait comme remontant à l'origine même de la ville
ou de l'abbaye, et nullement comme ayant été établie à l'occasion
de l'expulsion de la garnison anglaise en 1374; d'où nous concluons, sans hésiter, que la tradition actuelle n'a d'autre fondement que le récit de Dupleix, et n'est conséquemment pas antérieure à l'année 1624, où parut le volume de son Histoire de
France qui renferme ce récit.

Mais si la montre d'armes ne peut désormais être considérée
comme étant le symbole d'un fait que nous avons prouvé être
apocryphe, rien n'empêche qu'elle ne le soit comme une démonstration d'apparat en ce qui concernait la procession. Ce ne serait
pas d'ailleurs le seul exemple d'un usage semblable. Nous con-
naissons, en effet, dans l'ancienne province de Quercy, aujour-
d'hui département du Lot, une ancienne petite ville où les
habitants accompagnent, armés de fusils, la procession de la
Fête-Dieu, et font une décharge de leurs armes au moment où le

---

1. Cité par M. de Kerhardène, p. 116.
2. **Mém.** histor., p. 118.

prêtre va donner la bénédiction du saint-sacrement. La *Bravade*, dans le département de Vaucluse, qui consiste dans la présence des habitants armés d'une localité à la fête patronale, n'est-elle pas aussi une coutume analogue [1] ? Ces usages ont évidemment le plus grand rapport avec la montre ou prise d'armes qui se faisait jadis à Condom ; mais personne ne s'étant avisé d'en dénaturer l'origine et le but, on ne les a jamais considérés que comme un moyen de donner plus d'éclat et de solennité à la cérémonie religieuse dont ils faisaient partie. Il en serait certainement de même pour le fait relatif à Condom, si Dupleix n'était venu, dans un sentiment de malveillance à l'égard d'une ville voisine, lui attribuer une signification mensongère.

Après avoir insisté, plus que nous n'aurions peut-être dû, sur les diverses questions que nous nous étions proposé de résoudre, nous passons, comme nous nous y sommes engagés, à l'examen de quelques faits plus anciens relatifs à Condom et à Mézin, et dont les principaux sont les siéges soutenus par ces deux villes, avec des chances bien différentes, en l'année 1340.

Le premier de ces faits se rapporte au *sobriquet d'Anglais*, que, d'après Scipion Dupleix, on donnait de son temps aux habitants de Mézin. Nous n'avons pas besoin de rappeler ici que l'origine assignée par Dupleix à ce sobriquet n'est plus admissible, depuis qu'il a été démontré que l'expulsion des Anglais hors de Condom en 1374, et leur retraite à Mézin, sont des faits à reléguer parmi les fables. Tâchons donc de faire voir d'où peut venir ce surnom aux Mézinois.

La guerre s'étant élevée, en 1324, entre la France et l'Angleterre, à l'occasion d'un château de l'Agenois, appartenant au seigneur de Montpezat, Charles, comte de Valois, fut envoyé en Guienne, pour commander les troupes françaises. Ce prince était à Cahors le 8 août ; il entreprit ensuite la conquête du pays. Agen se soumit volontairement, ainsi que Condom, Bazas et plusieurs autres villes du voisinage. Le comte de Valois s'empara aussi de la Réole et du château de Montpezat, qui avait donné lieu à cette guerre [2].

Mézin fut incontestablement une des villes soumises par ce prince, qui accorda divers priviléges à ses consuls et habi-

---

1. La *Bravade*, dans le département de Vaucluse, est différente de la fête du même nom instituée à Aix par Charles d'Anjou en 1256.

2. Hist. génér. de Languedoc, tom. IV, p. 199.

tants, par des lettres que le roi Charles le Bel confirma au mois de novembre 1327. Le troisième article de ces lettres porte « que « les Anglais ou Écossais qui demeurent en ladite ville n'en soient « point expulsés, et que leurs biens ne soient pas saisis, pour « cause de désobéissance de la part des ennemis du roi, pourvu « toutefois qu'ils se conduisent fidèlement [1]. »

Il existait donc à Mézin, en 1324, et sans doute antérieurement, plusieurs familles anglaises et écossaises. En a-t-il fallu davantage pour faire donner aux habitants de cette ville le surnom d'Anglais ; et ne peut-on pas assurer que, si Dupleix avait connu les lettres de 1327, il se fût abstenu d'aller chercher, dans un fait imaginaire, une explication que ces lettres rendent si simple et si évident ? La population de Mézin se composait donc en partie, dès l'année 1324, d'Anglais et d'Écossais. Nous ignorons si cette circonstance a influé en quelque chose sur les dispositions des Mézinois dans les premières luttes du quatorzième siècle, entre la France et l'Angleterre ; mais l'adhésion de cette ville aux appellations contre le prince de Galles, et sa soumission à la France avant le 12 avril 1369, c'est-à-dire un mois avant l'adhésion et la soumission de Condom, prouvent suffisamment que la partie de sa population descendue des Anglais ou des Écossais qui l'habitaient en 1324, s'était déjà complétement identifiée avec les intérêts de la nouvelle patrie, dont elle dut embrasser alors la défense avec un dévouement que le duc d'Anjou et Charles V se plurent à reconnaître.

Jusqu'ici nous avons été sévères pour Condom ; mais à qui la faute, sinon à ceux qui, forçant les raisonnements et les textes, ont voulu attribuer à cette ville un rôle qui n'a pas été le sien, et lui faire honneur d'une initiative à laquelle la plupart des villes de Guienne ont un droit bien plus réel. Si, mieux inspirés, les juges du concours, sans se préoccuper du récit de Dupleix, eussent appelé l'attention des concurrents sur le siége soutenu contre les Anglais en 1340, personne n'eût eu la pensée de marchander aux Condomois l'approbation et l'éloge. Alors, en effet, la population de Condom se montra aussi fidèle qu'héroïque. Opposant à des attaques vigoureuses une résistance plus vigou-

2. *Item.* Quod ANGLISI, SCOTI, incolæ et habitatores dictæ villæ, non ejiciantur ab eadem, nec eorum bona occupentur occasione inobedienciæ inimicorum dicti domini nostri regis, dum tamen fideliter se velint habere. (Ordonn. des rois de France, t. XII, p. 499.)

reuse encore, elle força l'Anglais à se retirer honteusement. Cette belle défense des Condomois ne resta pas sans récompense. Philippe de Valois en consigna le souvenir dans ses lettres du mois d'octobre 1340 [1], portant confirmation de leurs priviléges. Il suffirait de ce document pour prouver que Condom ne fut pas alors soumise. M. Monlesun se trompe donc, lorsqu'il dit le contraire dans son *Histoire de Gascogne* [2]. Dom Vaissète, en parlant du siége mis par les Anglais devant Condom, ne nous apprend pas quelle en fut l'issue [3]; mais, comme le fait très-judicieusement observer M. de Kerhardène, *tout nous prouve que Condom résista longtemps, et que les Anglais furent repoussés* [4]. Nous trouvons une nouvelle preuve de cette courageuse défense dans une pièce originale du temps, qui a été connue de dom Vaissète, mais à l'occasion de laquelle ce savant historien a commis une erreur qu'on a de la peine à s'expliquer. Pendant le siége de Condom par les Anglais, Pierre de la Palu, seigneur de Varembon, capitaine et gouverneur général pour le roi en Languedoc, se trouvant à Moissac, le bruit courut que Condom avait ouvert ses portes aux Anglais. Ce seigneur fit aussitôt saisir et mettre en fourrière des chevaux appartenant à des habitants de Condom. Mais il ne tarda pas à être détrompé relativement à la fausseté de la nouvelle qu'on avait répandue. En apprenant que Condom était restée fidèle et avait résisté aux attaques de l'ennemi, il ordonna de payer aux Condomois propriétaires des chevaux, ou à Pierre Bertrand, citoyen et bourgeois de Condom, leur mandataire, pour réparations des frais que cette saisie leur avait occasionnés, la somme de cent sols de petits tournois [5]. Dom Vaissète, ayant cette pièce sous les yeux, et voyant qu'il y était question de Moissac, a fait l'application aux habitants de cette dernière ville du fait qui ne concernait que les habitants et la cité de Condom [6]. Ce fut aussi à la même époque, soit avant, soit après l'attaque des Anglais, que le même seigneur de Varembon accorda deux mille livres tournois aux consuls de Condom, pour être employés à clore et à fortifier leur

---

1. Voy. le préambule de ces lettres ci-devant, p. 113, note 1.
2. Tom. III, ann. 1340.
3. Hist. génér. de Languedoc, tom. IV, p. 232.
4. Mém. hist., p. 55.
5. Voy. la pièce justif. n° II.
6. Hist. génér. de Languedoc, tom. IV, p. 233.

ville. Le 23 juillet 1342, il restait encore dû, sur cette somme, celle de cent livres; mais Jean de Marigny, évêque de Beauvais et lieutenant du roi en Languedoc et Saintonge, donna ordre, par lettre de la même date, au trésorier d'Agenois, d'en faire compte aux consuls de Condom. Ces derniers la reçurent et en donnèrent quittance, à Agen, le 26 juillet de la même année [1].

Tels sont les nouveaux détails que nous avons pu réunir sur le siége que soutint Condom en 1340, et sur l'héroïque conduite de ses habitants. Ici, nous en convenons, l'éloge doit être sans restriction, comme le fut alors le dévouement de cette vaillante population. Sans doute, ce n'est pas là le seul exemple de courageuse fidélité donné, à cette époque, par les villes de la Guienne. Celle d'Agen, entre autres, ne fut ni moins brave ni moins dévouée que Condom [2]; mais le mérite de l'une ne détruit pas celui de l'autre, et nous pouvons appliquer à ces dévouements collectifs ce que dit Froissart en parlant des héros de son temps : « Car par toutes les batailles où ils ont esté, ils ont eu « renommée des mieux faisans par terre et par mer, et s'y sont « montrés si vaillamment, que on les doit bien tenir pour sou- « verains preux. Mais pour ce n'en doivent mie les autres, qui « avec eulx ont esté, pis valoir. »

Aussi, quoique toutes les villes de la Guienne n'aient pas combattu alors avec un égal succès, cela ne saurait autoriser l'assertion que, dans cette campagne de 1340, Mézin *se rendit sans coup férir* au sire d'Albret, *et en obtint de grands priviléges au nom du roi d'Angleterre.* Mézin se soumit, en effet; mais peut-on dire que ce fut *sans coup férir?* Quel est le monument ou l'historien du temps qui vienne à l'appui d'une telle allégation? Nous l'avons cherché vainement.

Bernard-Ezi, sire d'Albret; Hugues de Genève, sire d'Anthon, lieutenants généraux d'Édouard III, et Olivier d'Ingham, sénéchal de Guienne, ayant mis le siége devant Mézin, cette ville

1. Voy. la pièce justif. n° III.

2. Philippe de Valois s'exprime ainsi dans ses lettres du mois de janvier 1340 (1341), portant confirmation des priviléges de la ville d'Agen : Quod nos, attenta virtuosa et commendabili fidelitatis constantia, qua dilecti et fideles nostri consules et communitas civitatis Agennii, bellicorum insultibus qui non solum nuperrime civitatem diu obsessam tenuerant, restiterunt; imo potius a manibus impiorum et proditorum, per Dei gratiam et sui industriam, eximuerunt, et dictam civitatem affectuosis conatibus sub obedientia nostra non facta legitime et fideliter defensarunt quotidieque deffendunt, etc. (Regist. 74 du Trésor des Chartes, acte 715.)

leur ouvrit ses portes le 23 juillet 1340. Opposa-t-elle une longue résistance? C'est ce qu'on ne peut dire ; mais une pièce originale du temps établit qu'elle fut régulièrement assiégée, et, jusqu'à preuve du contraire, nous sommes autorisés à croire qu'elle ne se rendit qu'après avoir épuisé tous les moyens de défense. Nous ne voyons pas, en effet, que le seigneur de Varembon, capitaine et gouverneur général pour le roi en Languedoc, ait fait la moindre tentative pour secourir Mézin, et ce ne fut que le 3 août, en apprenant que l'armée anglaise attaquait Condom, qu'il convoqua les nobles et les communes de la sénéchaussée de Beaucaire pour marcher contre l'ennemi. Livrée donc à elle-même, et surprise sans doute par la promptitude de l'attaque, la ville de Mézin dut succomber devant des forces considérables. Pendant ce siége, les capitaines anglais ayant défié les lieux fortifiés de Sos et de Flavacourt, Grimoard de Saint-Geniès, sergent d'armes du roi et capitaine de ces deux places, crut devoir, pour en assurer la défense, augmenter la garnison de huit hommes d'armes à cheval et de quarante-deux sergents à pied [1]. Cette mesure qui fut prise le 22 juillet, veille du jour où Mézin ouvrit ses portes aux Anglais, fut sans doute cause que les ennemis renoncèrent à leurs projets d'attaque contre Sos et Flavacourt, et se portèrent sur Condom.

Ainsi donc, Mézin fut régulièrement assiégée, comme le démontre cette pièce, et forcée sans doute de se soumettre devant des forces supérieures. Mais tout porte à croire que ce ne fut pas *sans coup férir*. Ajoutons une preuve de plus à toutes celles qui précèdent : le compte de Barthélemi du Drach, trésorier des guerres [2] nous apprend que, de 1339 à 1341, le capitaine de Mézin et de Montréal était Anissant de Pins, seigneur de Taillebourg. Il est donc à présumer que ce seigneur commandait dans Mézin contre les Anglais en juillet 1340. Si notre conjecture est fondée, nous pouvons ajouter qu'il défendit la place avec courage, et ne la rendit qu'après s'être vu dans l'impossibilité de résister plus longtemps. Le roi, en effet, voulant reconnaître les *bons et agréables services que son amé et féal* conseiller et chevalier Anissant de Pins, sire de Taillebourg, *lui avait faits en ses guerres*, lui donna, par lettres datées du bois de Vincennes, le 14 décembre 1340, la moitié de la haute et

---

1. Voy. la pièce justif. n° 1.
2. Cité plus haut, p. 114.

basse justice , et tout le droit qu'il avait dans la moitié de la bastide et ville de Valence.

M. de Kerhardène dit, dans son mémoire, qu'*on ne récompense que la fidélité* [1]. Nous en convenons avec lui, et c'est pour cela que le seigneur de Taillebourg n'a pas dû trahir les intérêts de la France, en rendant Mézin aux Anglais en 1340.

L'occupation de Mézin fut considérée par les capitaines anglais comme un fait d'une haute importance. Aussi accordèrent-ils à ses habitants de nombreux priviléges, afin de se les attacher plus fortement. Cette ville devait être en ce temps-là plus considérable que de nos jours, car dans des lettres données à Nérac, le 3 novembre 1340, et par lesquelles les assises de la sénéchaussée d'Agenois, au delà de la Garonne , qui se tenaient auparavant à Condom, furent transportées à Mézin, les lieutenants généraux du roi d'Angleterre qualifiaient les Mézinois : *Gentes villæ egregiæ medicini* [2]. Nous ne ferons pas ici mention de tous les priviléges qui furent, à cette époque, concédés à la ville de Mézin ; mais, quelque nombreux et considérables qu'ils soient, on ne saurait en tirer aucun argument pour justifier l'assertion que Mézin se rendit aux Anglais sans coup férir. Si le changement des assises de Condom à Mézin , qui fut , sans aucun doute , le plus important des avantages alors obtenus par cette dernière ville, devait être considéré comme la récompense d'un acte de trahison envers la France, ne pourrait-on pas porter la même accusation contre Condom, qui, étant rentrée, de gré ou de force, sous la domination anglaise, obtint d'Édouard III , avant le 12 octobre 1357, que les assises lui fussent rendues [3] ?

Nous touchons enfin au terme de cette longue dissertation. Avons-nous atteint le but que nous nous sommes proposé en l'entreprenant ? C'est à nos lecteurs à répondre à cette question. Mais nous acceptons d'avance leur arrêt , s'il est vrai que nous soyons parvenus à prouver que la ville de Condom, loin d'avoir donné l'exemple de l'insurrection contre les Anglais en 1369, a été précédée dans cette manifestation patriotique par plus de huit cents villes ou places fortifiées de la Guyenne ; que, s'étant soumise avant le 13 mai 1369, elle n'a pas eu l'occasion d'expulser, le 29 juin suivant, la garnison anglaise qui l'occupait ;

1. Mém. hist.

2. Collection Brequigny, vol. 27. Guienne, tom. 18.

3. Voyez les Rôles Gascons, an. 31 Edwardi III, membr. VIII.

que Mézin, loin d'avoir accueilli les Anglais chassés de Condom,
s'était, au contraire, soumise à la France un mois avant cette dernière ville ; que la deuxième expulsion des Anglais de Condom,
le 29 juin 1374, n'est pas plus vraie que celle de 1369, et que
le surnom injurieux d'*Anglais*, qu'on donnait aux habitants de
Mézin du temps de Scipion Dupleix, se rattachait à un fait plus
ancien que cette prétendue expulsion ; que le seul fait réellement héroïque dont puisse se glorifier Condom, est sa belle défense contre les Anglais en 1340, et que si, à la même époque,
Mézin ne lutta pas contre l'étranger avec un égal bonheur, elle
ne céda cependant pas *sans coup férir*, mais à la suite d'un siége
régulièrement établi et poussé avec vigueur.

Nous avons abordé et résolu aussi d'autres questions inciden-
tes à propos de celles qui précèdent, mais nous croyons inutile
de les récapituler ici.

Notre tâche est terminée. En rétablissant la vérité sur le sujet
du concours ouvert à Condom, nous avons obéi à ce sentiment
de justice et d'impartialité qui ne doit jamais abandonner ni
l'historien qui raconte, ni le dissertateur qui discute. Si notre
argumentation a été parfois un peu incisive, il ne faut l'attribuer qu'à la vivacité de ce même sentiment. Nous n'avons pas
vu, sans en être péniblement affecté, que le renouvellement
d'une cérémonie religieuse, ayant une origine plus que problé-
matique, pût avoir pour résultat la continuation d'une rivalité
fâcheuse entre deux villes que des considérations d'intérêt
commercial et de voisinage auraient dû rendre aussi bien-
veillantes l'une envers l'autre qu'elles paraissent l'être peu.
Nous ignorons quel sera le sort de ce mémoire ; mais s'il nous
était donné d'apprendre un jour qu'il a contribué à faire cesser
cet antagonisme de cinq cents ans, un tel résultat, nous l'a-
vouons, serait la plus douce récompense du temps et des longues
recherches qu'il nous a coûté.

Léon LACABANE.

PIÈCES JUSTIFICATIVES.

I.

Petrus de Palude , miles , dominus Varanbonis, consiliarius et senescallus Tholosanus et Albiensis, domini nostri Francorum regis, ejusque capitaneus et gubernator generalis in partibus lingue occitane destinatus , universis presentes litteras inspecturis salutem. Cum Grimoardus de sancto Genesio, serviens armorum , domini nostri Francorum regis capitaneus locorum de Sossio et de Flavicuria , obsedio posito ante locum de Medicino per Anglicos et inimicos dicti nostri regis, distantem ab ipsis locis de Sossio et de Flavicuria dumtaxat per unam leucam , ipsis locis per dictos inimicos literatorie diffidatis ; pro honore et comodo regiis observandis et deffencione dictorum locorum, vice et nomine regio , juxta preceptum per nos sibi verbo thenus factum , stabilitam ipsorum locorum de octo hominibus armorum equitum et quadraginta duobus servientibus peditibus augmentaverit; et ad vadia regia consueta retinuerit , die vicesima secunda mensis Julii, cum literis suis abinde emanatis , nosque attentis predictis, et habito regardo de precepto sibi per nos dato , dictam retencionem hominum equitum, armorum et peditum laudamus et tenore presencium approbamus et ratificamus ; mandantes thesaurario guerrarum vel ejus locum tenenti quatinus dicto Grimoardo de sancto Genesio pro se et suis gentibus armorum equitum et peditum, de pecunia regia de suis stipendiis in dicta stabilita dictorum locorum de Flavicuria et de Sossio de servitis et de serviendis absque alterius cujuscunque expectatione mandati satisfaciat, presentes literas cum aliis recognitoriis de soluto penes se retinendo ; quibus mediantibus, gentes camere compotorum parisius in suis compotis allocabunt et de sua recepta deducent. Datum Agenni die xxiii mensis augusti anno Domini m° ccc° quadragesimo.

Per Dominum
P. de Pinibus.

Scellé sur queue du parchemin et en cire rouge. Le sceau est presque entièrement brisé. Bibl. nat., lit. scellés, vol. 83, fol. 6539.

II.

Petrus de Palude dominus Varambonis, miles, consiliarius et senescallus Tholosanus et Albiensis domini nostri Francorum regis, capitaneusque et gubernator ad partes lingue occitane per eumdem dominum nostrum regem destinatus, thesaurario guerrarum vel ejus locum tenenti salutem. Cum in loco Moyssiaci certi equi quorumdam burgensium civitatis Condomii per gentes regias , eo quia dicti burgenses et civitas ad partem hobediencie regis Anglie dicebatur devenisse , capti et ad manum regiam positi fuissent , et nos, certi de eorum fidelitate et constancia , eisdem dictos equos reddi mandavimus et liberari, ob quam captionem et detentionem dictorum equorum longeva, dicti burgenses plures sumptus habuerint sustinere, que assendunt usque ad numerum centum solidorum turonensium parvorum ; idcirco vobis mandamus quatinus dictis burgensibus seu Petro Bertrandi de Fabrica, civi et burgensi Condomii, presentium latori, eorum nomine, centum solidos Turonensium parvorum de peccunia regia, visis presentibus , tradatis et solvatis, quos per magistros camere comptorum parisius in suis compotis volumus allocari. Datum Agenni die xxi° Augusti anno Domini м°.ccc.°xl°.

Per Dominum. P. de Pinibus.

Scellé en cire rouge, sur queue du parchemin (le sceau brisé). — Bibl. nat. , titres scellés, vol. 46, fol. 3395.

III.

Johannes, permissione divina Belvacensis episcopus , locum tenens domini nostri Francie Regis in partibus occitanis et Xantonensibus, dilecto nostro thescurario agennensi, et Vasconie pro dicto domino nostro Francorum rege vel ejus locum tenenti , salutem. Cum dominus Petrus de Palude, miles , olim capitaneus et gubernator generalis in partibus occitanis dicti domini nostri Francorum regis, duo milia librarum turonensium olim consulibus civitatis Condomii , nomine universitatis dicte civitatis , ratione nonnullarum clausurarum per ipsos factarum et faciendarum, suis mediantibus literis, dedisse et concessisse dicatur, quam quidem donationem nos ex nostra certa scientia et de gracia speciali auctoritate regia confirmamus, laudamus et aprobamus, et de dicta summa restent ad solvendum , ut dicti consules asserunt, centum libre Turonensium parvorum ; vobis et vestrum cuilibet in solidum mandamus quatinus dictis consulibus dictas centum libras Turonenses, restantes de dicta summa duorum milium librarum Turonensium, exsolvatis absque alterius expectatione mandati, acsi dicte donationis littere per compotorum cameram Parisius transiissent, nam jam per vos exsoluta de summa predicta duarum milium librarum Turonen-

sium parvorum et que etiam exsolventur, gentes camere compotorum
Parisius in vestris compotis allocabunt et de vestra deducent recepta,
cum harum et dicte donationis literarum testimonio et recognicionum
literis de soluto. Datum in castris ante castrum comitalem xxiii die
Julii anno Domini millesimo ccc°.xl. secundo.

Per dominum locum tenentem. J. Dailly.

Original en parchemin. — Bibl. nat., cabinet des titres.

IV.

Loys fils de roy de France, frère de monseigneur le roy et son lieutenant ès parties de la Languedoc, duc d'Anjou et conte du Maine,
à nostre amé Estienne de Montmejan, trésorier général des guerres de
Monsr. et de nous ès dites parties, salut : Nous avons aujourd'ui retenu,
et par ces présentes retenons Raymon Bernart de Casalz, escuier,
seigneur de Beyressan et en partie de Payregan en la diocèse de Con-
don, lui trois hommes d'armes pour servir Monsr. et nous en ces présentes guerres, pour la garde et deffense de ses lieux et de sa terre,
tant comme il plaira à Monsr. et à nous, aux gaiges de Monsr. ordenés ;
c'est assavoir quinze frans pour moys pour chascun homme d'armes ;
si vous mandons et commandons que audit escuier vous faciez prest
et paiement pour lui et ses dictes gens d'armes selon sa monstre, de la
quelle il vous apperra. Et par rapportant ces présentes, la dicte
monstre et lettre de quittance dudit escuier, tout ce que ainsi paié lui
aurez sera alloué en vos comptes et rabatu de vostre recepte par nos
amez les gens des comptes de Monsr. à Paris sanz contredit. Donné à
Thoulose, le xxe jour de mars l'an mil ccclx et huit. (1369.)

Par Monsr. le........ (Le parchemin est ici déchiré.)

Orig. en parchemin. — Bibl. nat., cabinet des titres.

V.

Loys, fils de roy de France, frère de Monsr. le roy et son lieutenant
ès parties de la Languedoc, duc d'Anjou et conte du Maine, à nostre
amé Estienne de Montmejan, trésorier des guerres de mondit seigneur
et de nous ès dites parties, salut. Nous avons au jour d'ui retenu et par
ces présentes retenons nostre amé Messire Guiraut de Jauly, chevalier, lui
vintisme des homme d'armes en sa compaignie, pour la garde et tuicion
de la ville de Mezin ; aux gaiges sur ce ordennés, c'est assavoir quinze

frans d'or pour chacun homme d'armes, à prendre et avoir iceulx gaiges du jour de sa monstre pour un mois tant seulement prouchain ensuivant. Si vous mandons et commandons que audit chevalier pour li et pour les dites gens faciez prest et paiement selon sa monstre, de laquelle il vous est apparu ou apperra, receue par nos mareschaux ou leurs lieutenans et ceulx qui sur ce sont ordenez par les communes. Et par rapportant ces presentes, ladite monstre et lettre de recognoissance dudit chevalier, tout ce que paié lui aurés pour la cause dessus dite, sera alloué en voz comptes et rabatu de vostre recepte, par nos chiers et bien amés les gens des comptes de mondit seigneur à Paris sanz aucune difficulté. Non obstant ordenances, mandemens ou deffenses faites ou à faire au contraire. Donné à Thoulose le xiie jour d'avril l'an de grace mil ccclx neuf.

> Par Monsr. le duc à la relacion du conseil estant à Thoulose.
> *Signé :* **Massuel.**

Original en parchemin. — Bibl. nat., cabinet des titres.

VI.

Loys fils de roy de France, frère de mons^r le roy et son lieutenant ès parties de Languedoc, duc d'Anjou et conte du Maine, à nostre amé Estienne de Montmejan, trésorier des guerres de Monsr. et de nous, salut : Nous vous mandons, commandons et estroitement enjoignons que tantost et sans delay, veues ces présentes et sans autre mandement de nous sur ce attendre, vous paiez, bailliez et délivrez ou faites paier, bailler et délivrer à nostre amé messire Menaut seigneur de Barbezam, la somme de cinq cens frans, pour les despens et travaux qu'il a fais, eus et soustenus pour raison et à cause de la conté de Gaure et de la ville de Condom, afin qu'ils fussent adhérens aux appellans, et pour plusieurs autres services qu'il a fais à mondit seigneur et à nous, et fait de jour en jour, et espérons qu'il face ou temps avenir ; et gardez que en ce n'ait aucun deffaut ; et par rapportant ces présentes, etc., etc. Donné à Tholose, le iie jour de juing, l'an de grace mil ccc. soixante et neuf.

> Par Monsr le duc, present, le séneschal de Tholose.
> *Signé :* **Dy. Regis.**

Original en parchemin. — Bibl. nat., cabinet des titres.

VII.

La moustre Raymon Bernart de Cazalz, escuier, seigneur de Beyressan et de Peiregan, et de deux autres escuiers de sa compaignie et sequele, que mous^r le duc d'Anjou lui a donnez et octroiez, tant pour servir le roy nostre sire en ces présentes guerres de Gascoigne, soubz le gouvernement du dit Monsr. le duc, comme pour la garde et deffense de sa terre; receue en la ville de Condom, le xxiiie jour de juing l'an mil ccclxix.

Ledit escuier, cheval bay obscur, estoilé au front. . . . .   LX £.
Sans de Gibret, cheval bay cler, col, queue, jambes noires. .   L   £
Nauton de Manteau, cheval bay obscur, estoilé au front. . . . .   LX £.

Signé : Mondinet.

Original en parchemin. — Bibl. nat., cabinet des titres.

VIII.

Karolus, etc. Notum facimus universis presentibus et futuris, quod nos attendentes promptitudinem famulatus et obediencie, quam dilecti et fideles burgenses et habitatores ville de Mezin, habita noticia nostri juris et justicie, in guerra quam Edwardus Anglie nobis noviter suscitavit, exhibuisse noscuntur, qui nobis in hoc adherentes, se et villam predictam nostro submiserunt servicio, quod ex fervore dileccionis et amoris quos sui predecessores ad nostros, transactis temporibus, habuerunt, novimus processisse. Et ea propter volentes eisdem recognicionem sui amoris hujusmodi ostendere per effectum, ut fervencius in sue fidelitatis constancia perseverent, volumus et concessimus atque concedimus eisdem et eorum cuilibet, pro se et suis successoribus in perpetuum, de nostris speciali gracia et certa sciencia per presentes, ut ipsi burgenses et habitatores per totum regnum nostrum conversari et mercari valeant vendendo et emando, absque eo quod pro mercimoniis et rebus emptis seu venditis per eosdem, imposicionem, focagium, subvencionem, gabellam, indiccionem, pedagium seu subsidium quodcumque, quacumque occasione vel causa, ab antiquo seu de novo impositum, solvere nullo unquam tempore teneantur. Nos etenim imposicionem, focagium, subvencionem, gabellam, indiccionem, pedagium et quodcumque aliud subsidium quocumque nomine nuncupetur, habens seu habiturum in perpetuum cursum in dicto regno nostro, in quo ipsi et eorum singuli possent ex emptis et venditis, seu emendis et vendendis hujusmodi per eosdem nobis teneri, eisdem remittimus et quittamus pro nobis et nostris successoribus, et ipsos ab ipsius solucione eximimus et penitus absolvimus, et quictamus, consideracione premissorum, ex quibus uberiori gracia dignos censemus eosdem. Quapropter mandamus dilectis et fidelibus nostris generalibus consiliariis super facto subsidii ordinati pro facto guerre predicte, universisque electis et receptoribus ac commissariis deputatis super exigendis et levandis dictis subsidiis, imposicionibus, gabellis, pedagiis et subvencionibus aliis quibuscumque, justiciariisque et officiariis dicti regni nostri presentibus et futuris vel eorum loca tenentibus, et eorum cuilibet, ut ad eum pertinuerit, quatinus dictos burgenses et habitatores et eorum quemlibet nostra presenti gracia uti et gaudere faciant et permittant, non molestantes ipsos vel eorum aliquos ad solvendum dictam imposicionem, gabellam, focagium, subvencionem, indiccionem, pedagium vel subsidium aliud vel aliter contra nostre presentis gracie continenciam et tenorem. Quidquid in contrarium factum repererint ad statum pristinum et debitum reducentes, non obstantibus quibuscumque ordinacionibus vel mandatis ad hoc contrariis vel adversariis. Quod ut firmum et stabile perpetuo perseveret, nostrum presentibus litteris fecimus apponi sigillum, salvo in aliis jure nostro, et in omnibus quolibet alieno. Datum apud Vincenas die xi^a junii, anno Domini M°.ccc°. septuagesimo. regni nostri septimo.

Per regem. Yvo.

Archives nationales, Trésor des Chartes, J. reg. 100, n° 744.

IX.

Loys, fils de roy de France, frère de Monsr le roy et son lieutenant en toute Languedoc, duc d'Anjou et de Touraine et conte du Maine à nostre amé Estienne de Montmejan, tressorier des guerres de Monsr et de nous ès dictes parties, salut : Nous vous mandons, commandons et estroictement enjoignons que vous, tantost et sanz delay, ces lettres veues et sanz autre mandement de nous attendre sur ce bailiez et délivrez la somme de soixante et dix frans d'or à Arnaut de Varieys conseiller de la ville de Mezin tant pour et en nom de luy comme des autres conseillers dudit lieu pour paier et délivrer certainne artillerie par nous et notre conseil à eulz ordonnée a prendre et avoir à Thoulose, pour la garde, tuicion et deffense de la dicte ville de Mezin, et resister et faire guerre contre les anemis de Monsr. et de nous ; et gardez que en ce n'ait aucun deffault ; et par rapportant ces presentes avec quictance dudit Arnaut, voulons et mandons la dicte somme de LXX frans estre alloée en voz comptes et rabatue de vostre recepte par noz bien amez les gens des comptes de Monsr à Paris, sanz aucun contredit ou difficulté, ordenances, mandements ou deffenses faictes et à faire ad ce contraires non obstant quelconques. Donné à Thoulose le xviii jour de novembre, l'an de grace mil ccclxx.

Par Monsr le duc à la relacion de son conseil auquel Messeign. P. de Casaton, P. Scatisse trésorier de France, le seneschal de Thoulose, Jehan de (Saint-Cer) nin et...... estoient.

Orig. en parchemin. — Bibl. nat., cabinet des titres.

X.

A Arnaut de Varieys, conseiller de la ville de Mezin en nom de lui et des autres conseillers dudit lieu pour acheter artillerie que Monsr. leur a donnée pour la deffense dudit lieu. A Thoulose le xx jour de novembre l'an lxx. lxx frans.

Sceau de cire rouge, sur queue du parchemin. Il porte *trois fasces*. Sans supports ni timbre. Légende : S. ARNAVT DE BARES.

Orig. en parchemin. — Bibl. nat., cabinet des titres.

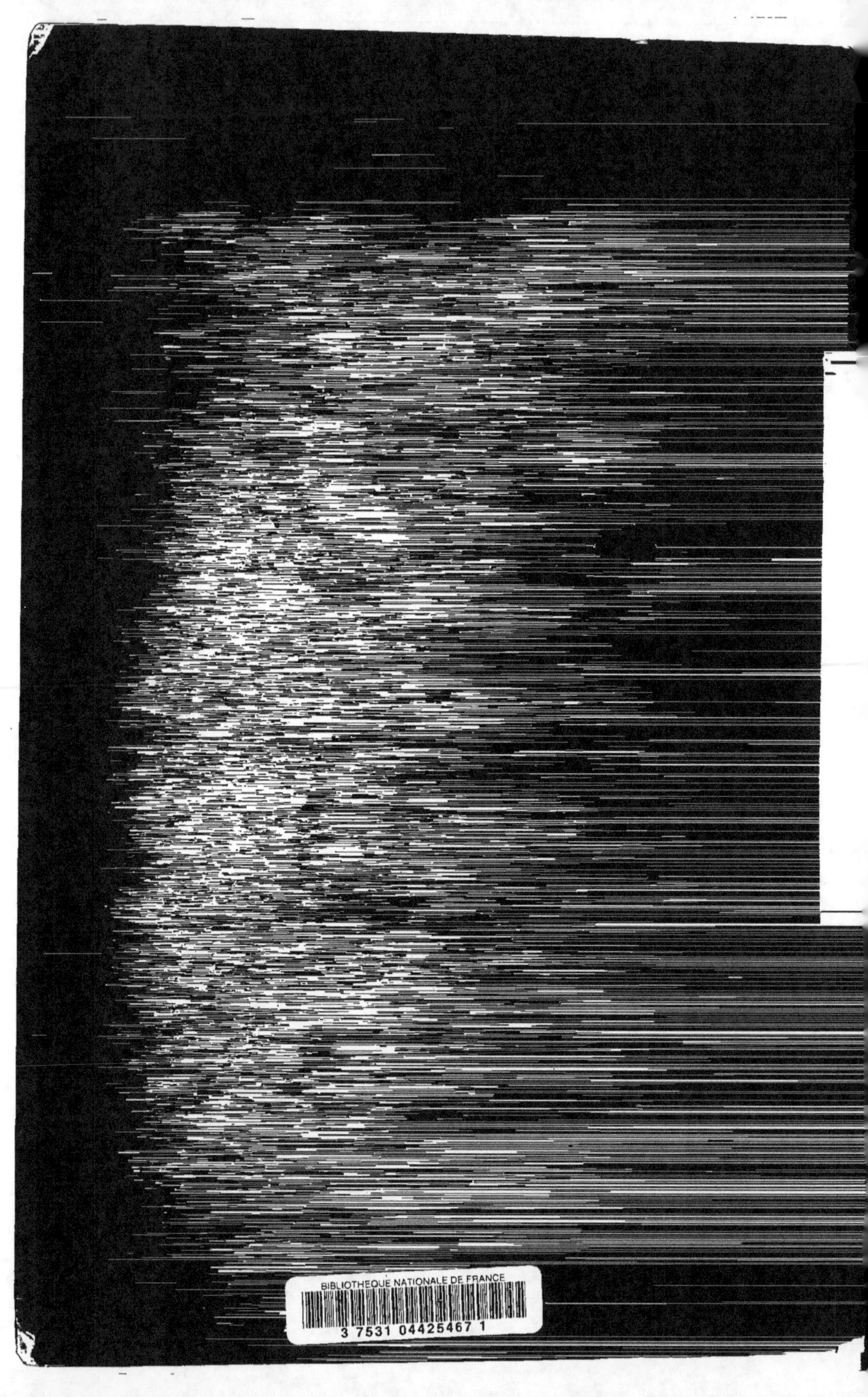

BIBLIOTHEQUE NATIONALE DE FRANCE
3 7531 04425467 1